AF176822

Lehr = und Lesebuch

für die

erste Elementarklasse

in

drey Abtheilungen.

No. 1.

Für die Anfänger im Lesen des kleineren

a   b   c.

Preis. Ungebunden 2 Kr. Gebunden 4 Kr.

München 1804,
in churfürstl. deutschen Schulbücherverlage am Rindermarkte.

Anmerkung. Hierzu gehört eine Anweisung für Lehrer über den Gebrauch des Lehr- und Lesebuches für Anfänger beym Setzkasten.

ji

ir

ce ei ie je er

x

ai ja je

ge

ju au eu aü åu

VII N Y

in an un ein nie ey.

—

VIII H ch h

haha hehe huhu, her hin.

che ich ach auch euch.

be ab gab gib bin bey.

gib her ein ey. ei! ei!—

—

VIIII H p

ve   vier   pe

X v v s

ob   vor   von

de da du die dir der

den dich doch.

he! doch da her, auch

ich bin bey euch.

---

ich und du, du und ich.
ich und er, er und ich.
ich, und der da auch.

——— ———

he du! da geh her.
er! geh da hin.
gib her ein d ein e
und ein r.

——— ——— ———

I M W

em dem am mag nahm
arm vom.
im ihm mich mein
heim nimm um dumm
müd.

———

we weh wem wen wenn
wer wir wird wie wo
war wahr warm wann.

— = —

wo war ich? wo bin ich
nun? wo war denn er?
da geh vor und nimm
ein m, ein ei und
ein n.

———

ich bin arm wie du, wie
er und wie der da. —
nun bin ich müd und
ich geh nun heim; denn
dir, dem, und ihm
und mir wird warm.

———

·2 l ſ k ẝ ck

el hell gelb lag lang
bang halb bald mild
wild will weil wohl
voll lieb.

---

te toll hat matt
malt halt laſt acht
mit weit gut bunt.

---

ka kam kann kahl kalt
kühl kühn komm kund

kaum kein welk keck
dick.

———

halt! wer da? ich bin
da, und der. nun,
geht mit mir und ich
bin dann bey euch,
nicht wahr?

———

wie lieb hab ich ihn,
und wie gut bin ich
dir!
komm, und lern ja
gut mit mir!

———

ʒ3 ſ ſt f

ſo ſoll ſah ſatt ſie ſieh
ſind ſey ſeyn ſein ſeyd
ſeit ſehr.

———

ſie ſieh ſteht iſt biſt
ſollſt ſonſt erſt ernſt
haſt ſtark ſtumm.

——— ———

ef für fünf faſt feſt

fett fern fein fort
froh früh faul warf
warfst darf darfst
rief riefst reif
steif.

————

wer gut ist, der ist
nicht faul; willst du
gut seyn, so sey du
nur nicht faul.

————

he he! wie, steh doch
auf! — o du bist sehr
faul, du bist auch
sehr fett und oft sehr
dumm.

— — — — —

komm her! sonst geh
ich fort, und dann
kann ich dir nicht
mehr so gut seyn.
ei! komm doch. — er
kam nicht. —

so geh ich von dir
fort, ich will nun bey
dir auch nicht mehr
seyn.

— — — — — —

sieh! der da ist gern
bey mir, der ist nett
und fein und nicht
dumm.
wie gut bin ich dem,
und wie lieb hab ich
ihn! — —

— — — — — — —

es des das was las
los lies liest aus eins
nichts uns.

———

zet zehn zähl zählt
zart zahm zu zum zur.

———

komm du da zu uns
her und lies das vor.

geh auch du her und
zähl uns zehn vor.
ei! der zählt gut, und
der liest gut.

———

iß ißt ließ aß laß daß
naß weiß muß süß.
itzt sitzt nützt jetzt
letzt.

———

ja, lieſt er nicht auch
mit? was nützt es
denn, daß er ſo da ſitzt
und nicht acht auf
uns gibt? —

————

o ließ mir doch laut,
und ſo, wie es da
ſteht. gut! — ließ
du von da an fort!—
muß er nicht jezt
heim? — nein, noch
nicht.

————

ah! das ist süß, das
ist sehr gut, hier hast
du auch was da von.
— willst du nichts?
was ist es denn? ich
weiß es ja nicht! —
iß nur, iß nur! es ist
sehr süß. — wenn es
nur süß ist, so will
ich nichts.

————

6 sch schl

sch r sch w

sch m sch n

schon so schlau? er
schrieb ja gar so schön
schwarz! schneid ab,
es ist schmal.

---

sp spr

gar spät spielt und

spricht er noch mit mir.

ck en er

el ck nk

keck knallt er, und ist
doch krank.
klein und dick, schickt
sich nicht.

———

zw qu

eins, zwey sind quer da.
du! quälst mich so? —

——— ———

⸎8 chs gs

n gs ng gl gr.

sechs sind flugs da.
rings um her sind sie
jung und fast gleich
groß.

———

br pr pl hl

der bringt waß, das
prangt! ist platt und
blau. o bleib! ——

⊞ 9 pf pff
m pf.

pfuj! wer pfiff, wer
schimpft da? das iſt
nicht gut. was iſt
wohl ſtumpf? —

fr dr ſch ſf

trau nicht! drey ſind
es. thut nichts, bleib
du mir nur treu. —
ach, er iſt todt.

IO ph

fl fr nff.

flieh! du bist frey, weil
du fromm warst, —
und er flog froh und
sanft da von.

* * * * *

* * * * *

u o a d ä e ů i j y ie ai au

au eu ei ey b c ch d f ff g h

k ck l m n p ph pf ps sp qu

r ſ z ſſ ß st sch t th v w x

z h.

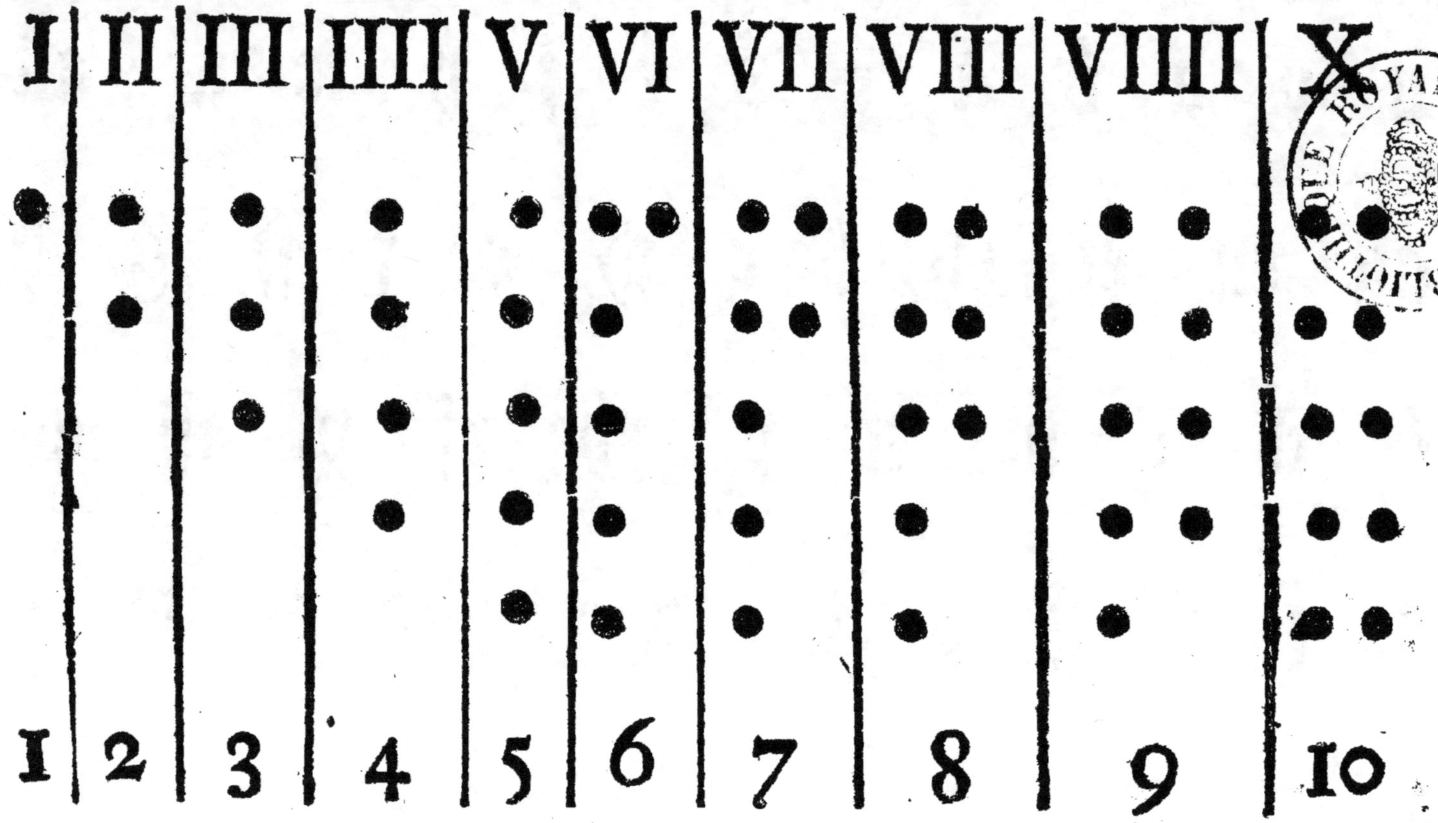

I	II	III	IIII	V	VI	VII	VIII	VIIII	X
1	2	3	4	5	6	7	8	9	10